잊을 수 없는 그날

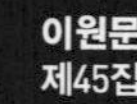

잊을 수 없는 그날

이원문 지음

| 차례 |

제2부

제3부

제4부

제1부

그리움의 그늘

먼 옛날 돌아보는 아름다운 기억들
누구의 모습이 징검다리에서 기다릴까
어렴풋한 모습으로 스쳐 갈 때마다
추억의 끝자락에 다시 한 번 매달린다

거짓 된 한마디 못 잊겠다 하던 말
허공에 띄우면 그날이 용서될까
매달린 끝자락에 흐려진 얼굴
잊을까 묶어도 풀어져 지워진다

조용한 기억

아쉬움에 보낸 송년 어디쯤 가고 있나
새해의 한 달도 저물어 가고
못 보낸 근심 걱정 이 한 달에 숨어든다
다음 달은 짧은 달 2월까지 숨어들까
시간이 빠른지 느낌으로 빠른지
이틀 짧은 달 설날에 보름 명절 다 들어 있고
고향 찾아 내려가면 2월도 그렇게 빠르지 않겠나
그러다 보면 3월의 나뭇가지 자라는 움 물 올리고
이렇게 짧은 것이 시간이고 세월인데
터지는 꽃봉오리는 알고 있는지

겨울 그림

바람 쓸쓸히 나뭇가지 외롭고
엷은 구름 흩어져 발자국 눈 내린다
차라리 함박눈이라면 마음이라도 포근한데
그것도 아니고 큰 눈송이 섞는다
바람 멎어 내리면 함박눈 되려나

멀리 가까이 어느 송이에 눈 맞출까
높이 올려 볼수록 더 큰 송이 맴돌고
마음 얹어 놓으면 나를 잃는다
이 자리의 나 내가 누구인가
바라보다 나를 잃고 하늘로 올라간다

굴뚝의 고향

누구네 집 연기가

아직 없을까

밤새워 내린 눈에

발자국 없고

허기진 굴뚝

점심 하늘 바라본다

그 떡

이맘때면 즐거운
설을 기다렸어도
어느 한곳에는
눈물이 있었다

방앗간 앞 줄 지어
기다리는 아낙네들
누구의 엄마가
보이지 않을까

하나 얻은 떡가래
주머니에 넣고
방아 소리의 가르침에
인생을 배웠다

청춘의 눈물

봄날의 저 많은 꽃

어느 벌 나비의 꽃이 될까

궂은 날에 바람 불어

찾아가지 못하니

지난 철에 때 잃고

하늘만 바라본다

방앗간 집

넓다란 우물 둥치
옛 뜰 그대로
담 아래 매화 꽃
파란 난초 예쁘다

여름날 봉숭아
채송화는 안 그런가
철 따라 맨드라미
코스모스도 피었고

주인의 딸 뒷모습에
찾아오는 봄
휘파람을 넘겨도
못 듣고 지나간다

계절의 교훈

봄날 피는 꽃에
여름날 철새 울고
가을날 끝맺음에
열매 씨앗 남기지 않았나

추우면 입어야 하고
더워 벗어야 했던 날
한겨울은 그렇게
죽음으로 몰아가고

한 번 왔다가는 것이
쉽지만 않은 것을
길고 짧은 세월이
사람만이 있겠는가

이 세상에 한 번 오면
모두가 가는 것
눈 안의 그림 거둬
때 찾아가는 것

기억의 겨울

그림자 따라오며
어디로 가자 하나
양지 찾아 앉으니
구름이 가리고
찾은 양지 바람 불어
뼛속으로 스며든다

배고프고 서글프고
들리는 새소리에 훔치는 눈물인가
바람 소리 마음 훑어
나뭇가지에 올리니
구름 사이 지는 해
저녁연기 떠올린다

달래의 추억

저 언덕에 쌓인 눈 언제 녹을까
까치집에 까치 제 집 드나들던 날
달래 무덤 만나면 그렇게 좋았던지
지나는 밭둑길 진달래꽃 수놓고

어디 그것뿐인가
찔레 순 나왔나 들여다보아지고
돌뿌뎀이 따라 무엇을 그리 찾아댔는지
그 곳의 달래는 더 굵고 탐스러웠었는데

황새냉이 뿌리 뽑아 흙 털어먹던 날
버들피리 한몫에 해 기우는 줄 모르고
할머니가 부르면 심부름시킬까 어떻게 했나
고무신 코 찢어져 혼날 것도 걱정되고

겨울 해

아침은 그런대로 못 느끼는데
점심 넘어 서너 시쯤 마음 빼앗긴다
양지도 아니고 응달도 아니고
햇살이 있어도 따뜻하지 않으며
바람까지 불어 옷 속으로 스며든다

먼산바라기 산기슭은 어떠했나
컴컴하니 바위부터 보이지 않고
양지의 가랑잎 한곳으로 모여든다
겨울 해에 배우는 냉정한 순리일까
쓸쓸히 쓸쓸히 하루를 거둔다

양지의 고독

디딘 발로 흙 모아 무너뜨리고
발끝으로 쓰는 글씨 나도 모른다
저 하늘 허공에 무엇이 보일까
한 조각 구름 위 흘려놓은 마음
구름도 마음도 조용히 산 넘는다

금붙이

값의 기쁨도

의미의 슬픔도

시간이 바꿔가며

세월 앞에 놓았다

과거

다 잊은 줄 알았던 기억의 지난날들
몇 가지 기억에 앞날이 보이고
지난날과 같이 그 운명이려 하니
앞날도 그렇게 인생을 가늠한다

묻어놓고 덮어놓고 가슴에 다시 묻고
그 기억은 그렇게 감추어야 하는 것인가
감추어도 들춰내는 야속한 세월
거울 보며 나에게 그날을 묻는다

바가지

박 바가지 깨어져 꿰매어 쓰던 시절
박 바가지 아니고는 큰 그릇이 어디에 있나
흠 많고 탓 많은 바가지의 그 옛날
평생을 부엌에서 광으로 다니며
퍼담고 퍼주고 밥 담아 나누고
그렇게 흉까지 덮어 썼어도
북망산천 가는 길 문 앞에서 깨졌다

서산의 미련

해 질 녘 서산에 머무는 미련

누구의 추억이 저 해 따라 산 넘을까

기울 듯 기우는 해 떨어져 안보이고

노을빛에 젖는 마음 더 붉게 물든다

할머니의 생신

저것들이 다 어서 생겨났나
그래도 날 찾아 다들 모이는구나
그런데 한 놈은 어찌 안 보이나
저물녘에 올려나 아니면 못 오나

그것도 팔자가 두 번이나 그러니
뭔 놈의 팔자가 그런 팔자가 다 있나
보낼 때에는 누가 그런 줄 알고 보냈겠나
몹쓸 놈의 팔자 두 번째 서방도 그렇게 가다니

안 들고 와도 되련만
부끄러워 못 오나 못 올 사정이 있었나
제일 잘 갔다는 시집이 어찌 그 모양인가
문밖 개 짖는 소리에 그 애 오는 것 같구나

외로운 시간

담 넘어온 햇빛도 그 잠깐인 것을
창호지 문 스쳐 가며 무엇을 알리나
날마다 스쳐 가도 알지 못하는 몸
화롯불 식어 가니 저녁이로구나

아랫목도 시려워 머리 싸맨 몸
이 늙은이가 부르니 누가 대답이나 하나
무어라 말을 하면 망령이라 외면하고
이것들이 귀 먹었다 하니 정말 귀 먹었는 줄 아나

다 듣는다 다 들어 너희들이 어서 생겨났니
이 베게 속 노자돈도 다 가져가거라
그럼 나 한 번 들여다보겠니
자식이나 그 새끼들이나 다 소용없구나

나 남은 날 며칠 안 남았으니
그때까지만 니 새끼 하고 참아다오
내 이 방 냄새까지 다 거둬 갈 테니
그럼 이 아랫목도 너희들 것이 될 것이고

어제 울던 까마귀 내일도 찾으려나
아직은 이 질긴 목숨 더 남아 있을 것인데

이왕지사 늦었으니 춘삼월에 찾아다오

그럼 이 쇠 힘줄 거둬 들고 너 따라갈 것이니

사랑의 노을

만나면 이름을 어떻게 불러야 하나
머뭇머뭇 가슴 설레이던 날
두 번도 그렇게 용기를 잃었지

여미고 여민 이름 어떻게 부를까
더 작아진 몸 마주 보며 입 열지 못하고
주머니에 넣은 손도 꺼내지 못했다

다음 약속이 있다면 무어라 부르지
이름도 아니고 호칭도 아니고
오늘이 그날인 듯 살며시 스쳐 간다

보리 맘마

밥사발에 물 붓고

뚝뚝 꺼놓으면

옆에 있는 짠지가

얼른 먹자 한다

제2부

뻥튀기의 서러움

뻥 하며 튀겨진
김에 서린 뻥튀기
코끝의 그 단맛
어찌 잊을까

기웃기웃 눈치 보다
한 줌 얻은 뻥튀기
콧물에 입에 넣고
가슴에 눈물 담고

뻥튀기 아저씨
빗자루질 참견에
한 줌 더 얻어
집으로 돌아섰다

시계의 밤

한두 번의 시계 종소리
언제 눈이 감길까
종소리는 짧은데
밤은 더 깊었다

내려오는 눈꺼풀에
잠 못 드는 밤
근심 걱정 모두 모아
하품이 삼키는 밤

닫힌 귀 열어라
먼동이 깨우고
스쳐 간 잠깐의 꿈
하루를 가르친다

저녁

내 곁을 떠나는 것이
그림자뿐이겠는가
그래도 그림자는
내일이 있는데
저 산 넘는 흰 구름
넘어가면 다시 올까

이 툇마루 스쳐 간 것이
그것뿐이겠는가
그것도 이것도 한 번 가면 그만인데
어찌 욕심에 그날을 다시 짚나
다 두고 내려놓을 날
툇마루의 하루가 짧기만 하구나

늙은 봄

늙은 몸에 찾아온 봄
누구에게 말을 할까
이제 웃는 얼굴도
이그러진 달 같구나

그래도 웃어보니
빠진 이에 서리 앉고
저 나무의 움처럼
이 돋을 날이 언제인가

춘삼월에 피는 꽃들
그 예쁜 꽃들이
나만큼이나 예뻤을까
얼마 있다 꾀꼬리도 한몫할 것인데

그 꾀꼬리 울음이
내 목소리만이나 했고
양지 찾아 앉아도
머리에 서리 안 녹고

움처럼 돋아날 이
이제 그만이로구나

춤 띄우는 저 버드나무
이 늙은 몸도 함께 추고 싶구나

고향 국밥

버린 고향 다시 찾아
들어선 장터 길
옛 모습 그대로
누구를 찾아왔나

두 고개 넘으면
바위 재 나오고
샛길 들어서면
나 자란 곳인데

누가 나 여기에 왔다
숨어 숨어 찾은 고향
빈손에 찾자 하니
자신이 없다

못 가도 보여지는
냇둑 길 보리밭
언덕에 그 꽃들은
지워지지 않는 것인가

국밥집에 들려
소문으로 듣는 고향

기우리는 술잔
날 저물어 춥다

첫 여자

예뻐서
꺾은 꽃

꺾여도
꺾어도

끝내는
지더라

구름의 설

설의 그 양지
따뜻했었다
앉은 자리 바람 없고
몇 조각 구름일 뿐

넣지 않은 입이어도
배고프지 않았다
설빔에 노는 아이
누가 나를 부를까

들어오는 네 구름
흩어지지 마라
양지 잃고 바람 불면
그 아이 서글프다

파도의 섬

먼 바다 저 먼 섬
누가 살고 있는지
큰 점 하나 그대로
바라만 보았다

불어오는 바닷바람
얇아진 파도 소리
묶인 배 잠드는
우리 섬의 설인가

싸리문 밖 쌓인 눈
발자국 흔적 없고
오가는 이 없는 초가
고요히 잠든다

졸업식

표정 감추며 들어오는 우리 반
웃는 얼굴에 기쁨만 있었을까
이 교문 밖 나가면 그것으로 끝이고

웃음 속에 울먹이는 흩어진 목소리
마주 보는 친구와 눈물 감추는 모습들
정든 교실 떠나는 것이란 이런 것인가

돌아보는 우리 학교 나 별 쬐던 곳 새롭다
옆에 낀 이 앨범에 학교생활만 있었겠고
등교길에 관심 없던 그 많은 꽃 피어난다

깍꼭의 밤

깍꼭

아가야 어제처럼 웃어 보아라

문틈에 스며드는 것이 이 바람뿐이겠니

눈 감지 말고 에미 한 번 더 바라보아다오

아가야 한 번만 더 눈 한 번 떠 보렴

망령

다 가거라
나 괄시할 것 없다

핏기 있어 낳아 길러주었을 뿐인데
이제와 나 보는 눈이 다 다르구나

내 그 눈치 모르고 귀 막은 것이 아니고
너희들 피해될까 못 보고 못 들었다

못 끊은 산목숨 백 년도 아니고
이 남은 몇 년에 미안하기만 하구나

하물며 나 떠날 때 꽃가마 잡지 마라
나의 정도 사흘이면 속 시원히 없어질 것이니

어린 시절

시골떼기 어린 시절
바다도 있었고
두 번의 고향에
산골도 있었다

초가 앞 눈높이에
까치둥지의 미루나무
읍내 소방서의
나무 망대가 제일 높았던 시절

낮은 것으로는
가난이 두고 온 섬
파도의 모래성이 있었고
엄마가 두고 떠난 굴 바구니도 있었다

어디 그것뿐이겠는가
먼 섬 가까이 우리 섬 해당화 꽃
내 놀던 냇가 위 곱게 핀 찔레꽃
보리밭 둑 진달래 우리 울 뒤 복숭아꽃

여름날 뻐꾸기 뜸북새는 어떠했나
서울 한 번 못 가보고

차 구경하러 뛰던 날

손에 든 내 고무신 빨리 뛰자 했다

속담의 밤

옛말에 이르기를
무엇을 믿지 말라 했나

말(馬)은 내가 키워보니
알 수 있었는데

또 하나는 속아보니
그 말이 맞더라

드나드는 문지방에
곰팡이 피던 날

요란한 그릇 소리
무엇을 알렸나

눈치챈 거미 거미줄 쳐놓으니
부엌 거미줄에 끄으름만 펄럭인다

버드나무의 설

떡가루 대신 흰 눈 바라보던 날
설빔 없다 까치에게 부끄러웠고

앞 냇가 얼음 속 흐르는 물소리에
차가운 세상임을 작은 소리로 배웠다

가까이 볼 수 없던 네 나무의 푸르른 멍
가까이도 푸르르면 보릿고개 만나겠지

그러면 물소리도 크게 들릴 것이고
그 고개 넘는 아이 너 찾지 않겠는지

겨울의 봄

징검다리의 봄은
얼음 밑에 있는데
달력으로 찾아온 봄
아직 겨울이다

두꺼운 얼음층
눈 덮인 양지 음지
겨울잠의 새싹들
언제 깨어 돋을까

바람도 모르는 봄
이 양지는 아는지
눈 내리고 추워도
달력은 봄이다

외로운 기억

그리워 떠올리는 아름다운 그날들
모두는 추억 저편에 흐려지는데
머문 자리의 꽃들은 지지 않는 것인지
아련한 그림 되어 세월 속에 홀로 핀 꽃

떠오르면 지나가고 찾아보면 숨어들고
못 잊을 그리움은 토막으로 찾아드나
기억의 새소리 산 넘던 흰 구름
이 자리의 나 잊는다 하는 것이 무엇이었나

까치의 고향

제일 높았던 너의 둥지
이제 옛날이로구나
틀은 둥지 그대로 변함이 없는데
그 둥지는 나무 아닌
다른 곳에 틀어대니
나무에 틀은 둥지 얼마나 될까

몇 날 며칠 트느라 힘들었을 것인데
틀었던 그 높은 나무 다 어디 갔는지
앞 냇가 미루나무 위 올려보던 너의 둥지
너희들 드나들면 부러워도 했었지
다시 찾아가거라 너희의 고향을
여기는 관심 없고 우리 할머니 기다린다

설빔의 꿈

때때옷 한 벌에 울고 웃던 날
이 양지의 구름 비켜서지 않으니
디딘 발의 고무신 집에 가자 한다

볕 쬐던 양지의 설 설기도 서럽다
고리땡 바지에 스뻰지(스펀지)잠바 언제 입나
설빔의 설 저녁연기 피어오른다

어머니의 설

음력으로 또 한 세월
이 떡국에 담겼구나
담겨진 것이
어디 세월뿐이겠는가
다들 모여 앉으니
대견하기도 하고
잃은 세월 뒤져보니
딴 짓이 덮는구나
저 손주 놈들은
무엇이 저리 좋은지

말썽꾸러기 저 놈
그 버릇 그저 있네
부지깽이 집어 들고
죽 먹는 소 왜 때리나
안팎으로 시끌버끌
손주 놈들 싸우는 소리
부엌의 며느리들 수다 떠는 소리
저 아이들 떠나면 빈 집이 될 것인데
다음 명절 또 일 년을 어떻게 기다리나
밤새워 떠들고 즐겁게 놀아라
내 내일 곡식 나눠 담아 줄 것이니

마지막 설

다들 모여 이리 앉아라
내 몸이 자주 아픈 것으로 보아
올 한 해를 못 넘길 것 같으니
내 말 잘 듣고 그렇게 하거라

에비 바라보는 너희들
이 에비가 어떻게 했으면 좋겠니
너희들도 그동안 고생들 많이 했지
살아보니 어떻든 다 이것뿐이다

그리고 며늘아기들 내 말 잘 들어
먼저 간 시어머니처럼 너희들도 시어머니다
아이들 잘 가르치고 서로 시기하지 마라
모자라는 것에 서운해 하지 말고

제3부

언니의 설

내일이 설인가
나서는 길 조용히 마음 무겁고
차 창가에 우리 엄마 빨리 오라 손짓 한다
둘째 막내 동생도 눈에 보이고
나 자란 집도 저런 집이었나
생철 지붕 썰렁하니 담 기울어 무너진 것 하고
마당 끝 짚까리도 우리 집처럼 스쳐 간다
마중 나온 우리 엄마 추우면 어떻게 하나
마음은 도착되어 엄마 만났는데
달리던 차 쉬어 가자 운전사 아저씨 내린다

조바심에 쉬는 시간 빠진 선물이 뭐있나
보따리 끌러보니 진즉 있어야 할
우리 엄마 내복이 보이지 않는다
자취방 윗목에 두고 온 엄마 내복
돈 없어 못 샀나 걱정하면 어떻게 하나
엄마 걱정 내 걱정 실려서 달리는 차
고향 앞에 내리니 아무도 없다
저문 날 저문 길 마중 왔다 다시 갔나
돌아서는 길모퉁이 찬바람 불어오고
집집마다 저녁연기 하나 둘 끊겨 간다

미워

잊을 수 있는 너의 모습
처음은 못 잊겠어
이름도 잊어 질 듯
멀어져만 가고

그 기억 쓸어안고
그리움에 매달린 밤
나 이제 떠올려도
자꾸만 흐려져 가

날마다 외로워
그려야 했던 날
이제 그 모습이
지워지나 봐

숨은 그날

저녁연기 흩어지며
춥기도 추웠던 날
해 떨어진 긴긴밤
아침이 너무 멀다

보리 꽁댕이 아침밥
그냥 넘긴 점심밥
저녁 밥상 김치죽에
배운 것이 무엇인가

피 말린 모진 세월
아랫목에 묻은 꿈
뛰어놀던 천장의 쥐
방으로 내려온다

봄방학

책보자기 둘러메고
보릿고개 올라서면
흘러내린 새우젓 국물
마른 등 적신다

홑겹데기 속 봄바람
언제 멎을까
하굣길 들어서면
더 싸늘히 스며들고

집으로 오는 길
걱정이 한 짐이다
책보자기 내려놓고
무엇부터 해야 하나

쥐불의 봄

이 설 지나 보름이면
움 돋을 봄인데
개울가 버들가지
잠에서 깨어날까

얼음 속 물소리
하루가 다른 봄
보리밭 밟는 이
하늘은 보았는지

논두렁 밭두렁
검게 끄을린 봄
들녘에 쥐불 연기
하루가 저문다

그늘의 꽃

양지가 좋아도
음지에 피었던 꽃
이제 그 꽃잎을
접어야 하는 것인지

수줍어 피어난
양지가 싫었던 꽃
양지가 부끄러워
접어야 하는 것일까

음지가 부끄러워
싫어하는 날
양지의 꽃으로
더 예쁘게 피어나길

인연의 양지

우리에게
그 사랑이

인연이 있어
바다가 있었고

만남이 있어
강물이 있었다

사랑이 있어
슬픔이 있었고

밤이 있어
행복이 있었다

설의 음지

설 지나 떠나는 우리 아이들
보내고 나니 마음부터 허전하다
마음도 그러한데
집 안은 안 그렇겠나
바라보다 들어오니
할미 부르는 것 같고
부엌에 들어가니
식구의 밥 그대로 먹다 남겼다
남긴 이 밥을 언제 다 먹나

바가지로 덮어 놓은
손주 놈 떡에 서운하다
세상이 바뀌어 떨어져 사는 세상
안녕히 계시라는 인사말에 눈물인가
저 놈들 기를 때에는 정신없어 몰랐는데
늙음에 떠나니 아이가 되는구나
이 세월 저 세월 다 보낸 세월
같이 있자 하니 밥벌이로 떨어져야 하고
떨어져 있자 하니 날마다 쓸쓸하다
이 빈집을 늙은 몸이 며칠이나 지켜 줄까

희망의 꽃

추억을 넘겨보며
찾아보는 그 옛날
이 자리가 아닌 듯
여기에도 다녀갔나

약속에 매달린
거미줄 정 끊어지고
감아도 감기지 않는
옛 모습 다가온다

이제 마지막이 될
잊을 수 없는 날
흔적 없는 이 빈자리에
그날의 꽃 피어난다

설빔의 추억

아파도 참아야 하는
설 기분의 부엌 목욕
때 미는 엄마 손에
어찌 안 아플까

큰 물 솥에 물 데우니
목욕물 충분하고
국수 때 밀어주니
추워도 안 춥다

내일은 기다린 즐거운 설
꿰매 입은 헌 옷 벗고
새 신 새 옷 입는 날인가
아침 오면 누구네 들려 볼까

봄의 길목

움은 아직

새싹이 없는 봄

들리는 새소리

가냘피 들린다

추워도 봄은

얼음 속에 숨었나

녹는 듯 부서져

물소리 내보낸다

하얀 사랑

너의 이름 지우는 날
마지막인 줄 알았어
모습은 흐려져
꽃으로 피어나고

이제 잊어야 할 것이
더 남아 있는지
우리 다녔던 곳마다
그 아름다웠던 날

잊을 수 있다면
모두가 잊혀질까
추억에 매달린
가엾은 기억들

산으로 바다로
다 잊을 수 없어
파도가 휩쓸어 간
우리의 약속도

파도의 기억

저 먼 섬의 파도는

갈매기의 것이었고

여기에 이것은

모래성의 것이었다

어디에도 없어

찾아보는 나의 것

나의 것은 아직도

찾을 수 없었다

복숭아꽃

앞산 넘는 흰 구름
아직 넘고 있겠지
아이들 하나 둘
집으로 들어가고

남은 나 하나에
복숭아꽃 잠들던 날
바라보는 보리밭
바람이 싫었나

잔잔한 논 물결
가슴 쓸어내리고
건너는 징검다리
보릿고개 바라본다

이삿짐의 봄

새 생활 찾아야 할 운명의 선택 길
굳힌 마음 변함없이 떠나야 했다
무엇을 버리고 어느 것을 두고 갈까
버리고 두고 가야 할 것이
어디 쓰던 물건뿐이겠는가

맑을 날의 봄 안개 넓은 들녘 가리고
챙기는 물건마다 버릴 것이 없다
저 안개 걷히면 드러날 정든 땅
오늘 떠나면 다시 찾아야 할 날이 언제인가
울고 웃던 이웃의 정 떠오르는 미움의 정

모두 모아 도락구(트럭)에 실어보니
빠진 한 가지가 마음에 걸린다
이제 다 실었으니 인사하고 떠나야 하나
꽃 못 보고 떠나는 봄 두레박줄에 매달리고
바라보는 정든 땅 눈물 속에 멀어진다

마지막 계단

아~
이 세상 나와보니
나 있던 밤도 있고
못 보았던 낮도 있다

보이는 것
이것이 다 무엇인가
들리는 처음의 소리
뜻도 많고 이름도 많다

이 잠깐 왔다 가기를
내 마지막 돌아가는 날
어느 것을 눈에 넣고
귀에 담았다 할까

약속의 석양

둘만의 선택에
행복이 있었고
두 번의 그 선택에
눈물도 있었다

노을에 젖은 사랑
얼룩지던 날
뒤돌아선 처음
어디에 있었나

아쉬워 돌아보고
다시 되돌아보고
추억에 갇힌 사랑
처음 찾아 나선다

달걀의 꿈

봄날의 달걀
멀리 시절 그 시절로 돌아간다
양지 바른 울 밑 새싹 돋아나고
나들이 닭 알 짓는 소리 지금도 들린다
알 안 낳는다 구박 맞던 내 사랑하는 닭
붙잡아 안아주면 눈을 감곤 했었다

앉힌 둥지 버리고 숨어 알 낳던 닭
나 혼자만의 비밀로 맡아놓고 꺼냈다
하룻밤 자고 나면 하나씩 꺼내던 곳
숨어서 들고 가 사탕 사고 미루꾸 사고
알 지운다 구박 맞던 닭에게 미안했던 시절
숨어가며 사 먹은 죄 추억으로 씻는다

정거장의 노을

비교에 속고 속아
버림받은 사랑
처음을 찾아갈까
그날을 불러볼까
짓밟힌 운명의 길
어디로 가야 하나

누가 나를 부르는 것 같아
돌아보면 아니고
처음 같아 다가가면
그 처음도 아니다
갈 곳 없는 이 머나먼 길
나 어디로 가야 하나

아가의 봄

아장아장 우리 아가
어디 가시나
틀어진 바지가랭이에
방울 나온 줄 모르고

문간 나선 우리 아가
반기는 강아지
강아지 아가 따라
사금파리 주우려나

울 밑으로 가면
그 수탉 쫓아오고
그 수탉 못 본 척
아가 먼저 쪼을 것인데

제4부

동무의 보름

그리워 떠올리는
고향의 동무들
정월 보름 논밭에서
무엇을 할까

짚단에 장작 거둬
쌓아놓던 동무들
보름달 기다리며
연 날리지 않을까

떠오르는 보름달의
토끼 방아 계수나무
동무의 불 깡통에
어지럽지 않을는지

보름 장터

다가온 보름 장
내일이 열나흘 정월 보름 장을 봐야 하나
장터에 가면 무엇인들 없을까
혼잣말에 주섬주섬 쌀 두서너 됫박 담아놓고
이것 사고 저것 살 것 계획을 세우니

우선 곧 써야 할 연장부터 사게 되고
대장간에 들려 낫 칼도 베려야 한다
아이들 고무신에 어머니 고무신
이 모두 생각하니 안 살 것이 없고
들여다본 쌀독 보면 그것도 아니다

일찍 떠나 둘러본 장 엮은 조기 눈에 들어온다
쌀이 모자라니 그냥 지나쳐야 하나
이 구경 저 구경 약장수 입담
무엇을 사고 어느 것을 안 살까
속상한 마음에 외상 주막 들려본다

선생님의 봄

못 보고 떠나야 하는
울타리의 개나리
그 한곳 진달래
예쁘게 피겠지요

선생님이 좋아했던
개나리 진달래
긴 머리로 찾아오면
나만큼 예쁠까요

석양의 봄

저 산 넘는 흰 구름
어디로 흘러가나
바람에 섞인 소리
듣고나 넘는지

양지 덮고 지나
나뭇가지에 걸쳐
그 나뭇가지 잃은 듯
조용히 산 넘는다

장독대의 봄

그 잠깐 햇살에

담 밑 음지 서늘하고

삐뚤은 받침 돌

할머니 손 기다린다

밥풀때기 흰 매화

갓 돋은 파란 난초

매화가 알리는 장독대의 봄

흙 속의 세월 난초가 읽는다

보름달

저 달에 숨어 있는

수많은 기억들

그 어느 하나

잊을 수 있을까

보리밭 위 초승달도

함께 떠올랐다

보리밭 가는 길

보리 패기에 아직 먼
아지랑이의 봄
길고 긴 보릿고개
찔레꽃 기다린다

앞서 핀 개나리
진달래 지고 나면
자라난 두서너 마디
바람에 나부낄까

딸 부잣집 라일락 향
담 넘어 가는 날
빈 지게 진 머슴 총각
그 보리밭 지나간다

꿈속의 봄

사금파리 많은
나 자랐던 초가는
병아리 나들이의
수수깡 울타리였다

그 울타리 사이로
봄바람 스칠 때면
깃 뒤집힌 어미 닭
병아리 모아 품고

누룽지 한 줌에
못 보았던 복숭아꽃
이제야 울 밑에서
쓸쓸히 기다린다

보름날

열나흘 오늘은

오곡밥 먹는 날

밤 지나 내일은

놀이에 즐겁다

밤 기다리는 아이들

어른들은 안 그런가

다리 찾아 보름달에

소원 성취 빌어본다

쌀독의 봄

캄캄한 광 안
문 열으니 훤하구나
걸어놓은 쳇바퀴
거미줄 걸쳐 있고
저 소쿠리의 먼지는
언제 적 먼지인가
싸라기 내린 작년 가을이니
오죽이나 하겠나

들여다본 이 독 저 독
먼지로 가득하니
이 한 독에 저 반 독으로
보릿고개를 어떻게 넘나
보리 패어 누렇게 되기까지
못자리에 모내기 밭일부터
하나하나 얼마나 많은가
아이들 어느새 밥 달라 하는구나

냉이의 양지

저 앞산 파란 하늘

한쪽 구름 흩어지고

덩그런히 까치집

봄바람에 춥다

양지 거두느라

흩어진 구름인가

새소리 섞인 바람

하루를 지운다

민들레의 꿈

이 양지의 봄은
너의 것이고
네 노란 꿈은
나의 것이었다

꿈 모은 저녁 무렵
네 담은 꿈을
누가 훔쳐볼까
하루 한 번 모아 접고

아침에 펴 또 모으고
그러다 큰 방울로
허공에 날리면
그 꿈 바람 따라 어디로 가나

고향 그림

내 고향 봄을 누가 그릴까
입에 넣었던 진달래
달콤한 송깃
비탈진 언덕에
젓가락 칡뿌리
어디 그것뿐인가
뽑아 씹던 삐레기는
어느 아이의 맛이었나

삐뚤은 돌 딛으며
개울 건너 오르면
꺾어 쥔 찔레 순에
울고 웃었고
나부끼는 보리 눕혀
파란 하늘 보노라면
그 한 조각 흰 구름
나와 함께 산 넘었지

시댁의 봄

좋아하는 아이들의 봄
에미도 좋은가
바구니 든 계집아이
산으로 간 사내놈들
뭐 저리 좋아 꽃 한 아름 꺾었나

등에 업힌 막내 놈은
에미 뜯어 먹을게 뭐 있어서
이리 칭얼대며 안 떨어지고
적삼에 삐진 젖 시리기도 하니
이 차가운 젖 먹이면 체하겠구나

봄바람에 기우는 해
보리밭 이랑 더 멀어지고
호미 끝 어서 매자 산자락 보는구나
저녁 해에 올려보는 저 앞산 진달래
나 자란 친정 꽃만큼이나 저렇게 예쁠까

호미의 봄

바구니 든 들녘
아무도 없고
뒤돌아보니
보리만 나부낀다
한차례의 봄바람이
봄 처녀의 마음인가
찔레꽃 피기에는 아직 멀다

앞산 자락 진달래
바구니의 보리밭
옮겨놓은 바구니에
나물만 들었나
집으로 오는 길
누가 볼까 돌아본다

그해의 봄

양지 녘 지우는
저녁 해 떨어지고
풀잎에 스친 바람
아이 불러 가라 한다

갈 곳 없이 잃은 양지
어디로 가라 하나
허기에 서글픔
저녁연기 바라본다

할미꽃

나 여기에 왜 왔나
떠나버린 보리밭 위
그 구름 산 넘는다

어머니 가시던 날
마지막 모습에 흘린 눈물이
오늘 이 자리의 할미꽃이 되었나

돌아보는 옛 생각에 눈시울 뜨겁고
나 어릴 적 보던 구름
어머니 양지 바라본다

기억의 섬

저 건너 섬 가까운 듯
봄바람 멎지 않고
보이는 보리밭
더 멀어져 파랗다

바람에 나부끼긴
이곳과 같을진대
초가에 노란 띠는
개나리가 아닌가

언제나 봄이 오면
그림으로 보던 섬
이곳의 파도 소리
저곳까지 들릴까

적막에 잠드는 섬
지나는 배 멀어지고
쓸어안은 진달래
저 섬 찾아가자 한다

쟁기

점심나절 흰 구름

어찌 저녁이면 붉은가

그 잠깐의 나뭇가지

어둠이 가리고

끓기는 저녁연기

등잔불 밝힌다

봄볕의 기억

양지 녘에 떠오르는
고향의 이름들
그 어느 하나
잊을 수 있을까
뼈마디 녹이던
산과 들의 이름들
미웠던 이웃마저
어찌 잊을 수 있을까

한세상 왔다가는 것이
이렇게 힘든 것인가
지나친 꽃에게
미안하기도 하고
흐르는 그 구름 보기에
부끄럽기도 했었다
지나쳤던 미안한 꽃
그 보리밭 지금도 나부끼겠지

이 도서의 국립중앙도서관 출판예정도서목록(CIP)은 서지정보유통지원시스템
홈페이지(http://seoji.nl.go.kr)와 국가자료공동목록시스템(http://www.nl.go.kr/kolisnet)에서
이용하실 수 있습니다. (CIP제어번호 : CIP2017005742)

잊을 수 없는 그날

초판 1쇄 발행 2017년 3월 27일

지은이 이원문 **펴낸이** 임정일
책임 임병천 **편집** 김지해, 김수경 **디자인** 이동헌

펴낸곳 책나무출판사
출판신고 2004년 4월 22일(제318-00034)

주소 서울시 영등포구 신길3동 325-70 3F
전화 02-338-1228 **팩스** 0505-866-8254
홈페이지 www.booktree.info

ISBN 978-89-6339-525-8 03810